T0042389

Pantalones vaqueros
De las minas a las casas de moda

EDICIÓN PATHFINDER

Por John Micklos, Jr.

CONTENIDO

Jeans

DE las minas a las casas de moda

Estos pantalones resistentes y cómodos muestran cómo ha cambiado la vida en los EE.UU. desde 1800.

POR JOHN MICKLOS, JR.

¿Quién usa pantalones vaqueros? Responder esta pregunta era muy fácil en 1800. Los trabajadores usaban pantalones vaqueros. Nadie más.

Pero las cosas han cambiado. En la actualidad, una gran cantidad de personas usa pantalones vaqueros. Puedes ver estos pantalones populares casi en cualquier sitio: desde aeropuertos hasta museos y zoológicos. Lo que antes era ropa de trabajo ahora se ha convertido en ropa de uso diario.

Ese cambio puede parecer pequeño. Pero los pantalones vaqueros son un ejemplo útil de los cambios en la **cultura** o el estilo de vida de los Estados Unidos. Aprender cómo los pantalones vaqueros pasaron de las minas a las casas de moda nos ayuda a entender cómo se desarrollan las culturas.

Hombres trabajando.
Los avisos mostraban los pantalones vaqueros como pantalones resistentes ideales para el trabajo.

Una idea con remaches

Nuestra historia empieza con Jacob Davis. Él fue un sastre de Nevada durante la década de 1870. Algunos de los clientes de Davis constantemente rasgaban los bolsillos de sus pantalones, y se quejaban de ello.

Realmente, los pantalones se rasgaban bastante en el Viejo Oeste. Con frecuencia los mineros ponían en sus bolsillos rocas o pepitas de oro. El peso era excesivo para la mayoría de la ropa.

A Davis se le ocurrió un solución simple. Añadió **remaches**, o pernos de cobre, a las esquinas de los bolsillos. Los nuevos pantalones eran increíblemente resistentes. Se convirtieron en un éxito instantáneo.

Ahora Davis tenía un nuevo problema.

¡Ese era mi invento!

A Davis le daba miedo que otros sastres robaran su idea. Así que solicitó una **patente**. Ese es un documento especial del gobierno. Le da al inventor el derecho exclusivo para fabricar y vender un invento nuevo. Nadie tendría permiso de copiar los pantalones de Davis hasta que su patente se venciera en 1891.

Oportunidad dorada. *Los mineros corrieron a California luego de que se descubriera oro allí en 1848. Como necesitaban pantalones resistentes, les encantó el dril de algodón.*

Pero Davis no tenía el dinero para presentar los papeles necesarios a la Oficina de Patentes y Marcas registradas de los Estados Unidos en Washington, D.C. Entonces pensó en Levi Strauss, un exitoso hombre de negocios de California. Strauss vendía tela a muchos sastres, incluyendo a Davis.

Davis le escribió a Strauss, invitándolo a asociarse a él para solicitar una patente. Strauss aceptó. El 20 de mayo de 1873, recibieron la patente estadounidense número 139.121 por "Mejoras en el método de sujeción de las aberturas de los bolsillos". Entonces, pusieron manos a la obra.

Pantalones resistentes, trabajos duros

Los dos hombres establecieron una fábrica en San Francisco. Producía "overoles a la cintura". Así es como se llamaron al principio los pantalones vaqueros. Para hacer los pantalones, los trabajadores usaban el **dril de algodón**, una tela resistente hecha de algodón.

A los mineros les encantaban los pantalones resistentes y cómodos. Entonces, los vaqueros empezaron a usarlos también. Los pantalones vaqueros eran perfectos para montar a caballo y trabajar en el rancho.

Los primeros anuncios (página 2) resaltaban la resistencia de los pantalones. Las imágenes mostraban hombres trabajadores, solamente hombres. En general, las mujeres no empezaron a usar pantalones sino hasta mucho después. Aparte de mineros y vaqueros, había carpinteros que usaban pantalones vaqueros, así como trabajadores de ferrocarriles, repartidores y otros.

Los pantalones vaqueros en la pantalla

La popularidad de los pantalones vaqueros le debe mucho a otro invento de fines de 1800: las películas. El inventor Thomas Edison abrió el primer estudio de películas del mundo en 1893. Diez años después, tan solo en los Estados Unidos, había unas 10.000 salas de cine.

Las películas fueron una parte importante de la cultura estadounidense durante las décadas de 1920 y 1930. Ir al cine ofrecía una forma barata de escapar de la realidad diaria, especialmente durante la difícil crisis económica de los años treinta.

Cuando cuando iban al cine, las personas veían a los vaqueros, en pantalones vaqueros. Los estadounidenses, que nunca habían usado pantalones vaqueros para trabajar, empezaron a

Modelo de moda. *El famoso actor James Dean, y sus pantalones vaqueros, aparecieron en Gigante, una película de 1956.*

usarlos para divertirse. En 1935, Levi Strauss & Co. introdujo los pantalones vaqueros para mujeres.

Los pantalones vaqueros viajan al exterior

Luego llegó la Segunda Guerra Mundial. Estados Unidos ingresó a la batalla en 1941. Los soldados y marinos estadounidenses fueron a todas partes del mundo. También lo hicieron sus pantalones vaqueros. Con frecuencia, las tropas los usaban cuando no iban vestidos de uniforme.

Las personas de otros países pronto notaron, y quisieron, esos pantalones cómodos e informales. Ese es sólo un ejemplo de cómo la guerra extendió la cultura estadounidense a otras naciones.

Los pantalones vaqueros ganaron incluso más fanáticos en la década de 1950. James Dean, Marlon Brando y otros famosos actores jóvenes los usaban tanto en películas como en la vida real. También lo hacía Elvis Presley, el ídolo del rock. En poco tiempo, los jóvenes fanáticos también estaban usando pantalones vaqueros.

Los pantalones vaqueros eran casi como uniformes para muchos jóvenes estadounidenses en la década de 1960. El dril de algodón y el cabello largo se convirtieron en símbolos de protesta social. Eso es cuando la gente se expresa a favor de los cambios en las leyes y la sociedad.

Ropa para mujeres. *Durante la Segunda Guerra Mundial, los hombres se fueron a la batalla. Así que las mujeres trabajaban en fábricas y en pantalones vaqueros.*

Lo viejo está de moda. *Las compañías de ropa trabajan duro para crear pantalones vaqueros que se ven como si fueran viejísimos.*

Gran negocio

Viendo la popularidad de los pantalones vaqueros, el mundo de la moda vio una oportunidad de ganar dinero. Así nacieron los "pantalones vaqueros de diseñador". Llegaron a las tiendas en la década de 1970. Estos nuevos pantalones vaqueros tenían costuras detalladas, etiquetas extravagantes y precios elevados. Se volvieron populares entre las personas de todas las edades.

Para lograr que los estadounidenses se interesen por los pantalones vaqueros, los productores gastan millones de dólares en **mercadotecnia**. Esa es la palabra que usan las empresas para hablar del esfuerzo realizado para vender algo. A menudo esta tarea incluye investigación, anuncios impresos y publicidades por radio y TV.

Los fabricantes de pantalones vaqueros necesitan saber qué quieren, y no quieren, los clientes. Así que contratan a expertos en mercadotecnia, que organizan sesiones de grupo. Estas son reuniones en donde las personas hablan sobre un producto. Los miembros de las sesiones de grupo explican por qué comprarían o por qué no comprarían el producto.

¡Todo cuenta!

Hoy en día, las tiendas venden muchos tipos y colores de pantalones vaqueros. Así que cada fabricante crea anuncios para mostrar por qué su marca es especial.

No verás muchos mineros en los avisos actuales. En vez de eso, encontrarás gente famosa y bellas modelos. La meta es lograr que comprar pantalones vaqueros se vea como una manera fácil de sentirse como una estrella.

Toda esta mercadotecnia vale la pena. En 2001, los estadounidenses gastaron unos $13 mil millones de dólares en pantalones vaqueros. Esas personas no solamente compraron pantalones. También tuvieron una oportunidad de hacer historia.

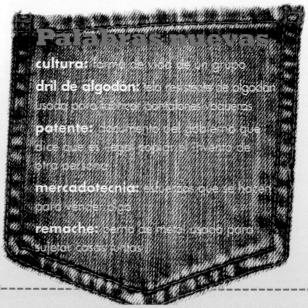

Palabras nuevas

cultura: forma de vida de un grupo

dril de algodón: tela resistente de algodón usada para fabricar pantalones vaqueros

patente: documento del gobierno que dice que es ilegal copiar el invento de otra persona

mercadotecnia: esfuerzos que se hacen para vender algo

remache: perno de metal usado para sujetar cosas juntas

Anuncios: ¿los más vendidos?

¿Cuándo fue la última vez que compraste unos pantalones vaqueros? ¿Realmente necesitabas un nuevo par? ¿O solo querías el último modelo? La gente compra productos por muchas razones. Todos somos blanco de los publicistas. Es por eso que hay tantos tipos distintos de anuncios.

Los redactores de anuncios, que son personas que escriben los anuncios, eligen sus palabras cuidadosamente. Con solo unas cuantas palabras, tienen que lograr que tú compres algo. Observa cuidadosamente este anuncio imaginario. ¡Luego crea el tuyo propio!

Texto del anuncio

Algunos chicos piensan que jugar a un nuevo juego de video es una aventura.

Tú no.

A ti te gusta estar afuera, divirtiéndote y explorando.

Y necesitas pantalones vaqueros que te puedan seguir el ritmo.

Encabezado

Resistentes. Populares. Informales.

Igual que tú.

VAQUEROS EXPLORADOR
Para el explorador que hay en ti.

Nombre de la marca

Eslogan del producto

Leyendo un anuncio

- ¿A quién se dirige el anuncio?
- ¿Cuál es el mensaje de este anuncio?
- ¿Las palabras coinciden con la imagen?
- ¿Cómo trata el anuncio de persuadir a la gente para que compre un producto?

Escribiendo un anuncio

1. Elige un producto para vender.
2. Identifica a tu público objetivo.
3. Dale a tu producto un nombre de marca.
4. Idea un corto eslogan para tu producto.
5. Escoge una revista en donde podría aparecer el anuncio.
6. Decide qué tipo de imagen mostraría el anuncio.
7. Crea un encabezado para atraer la atención de los lectores.
8. Escribe palabras que persuadan a los lectores de comprar tu producto.

Telas de la naturaleza

Los pantalones vaqueros y otras prendas de vestir a menudo se hacen con telas naturales. Los materiales usados para hacer estas telas provienen de plantas o animales. Revisa las telas de esta página para ver cómo están hechas, y qué las hace naturalmente buenas.

Algodón

Haciendo algodón El algodón viene de una planta. A la hora de la cosecha, bolas blancas y vellosas cubren las plantas de algodón. Los trabajadores recogen estas bolas de algodón. Luego el algodón se hila. El hilo puede usarse para tejer. También puede tejerse para formar tela de algodón.

Mira y siente La tela de algodón es suave al tacto. Algunas telas de algodón son delgadas y livianas. Otras, como el dril de algodón, son gruesas y resistentes.

Ropa de algodón La ropa sencilla suele estar hecha de algodón. Hay camisetas, pantalones cortos, vaqueros, faldas, vestidos y suéteres de algodón.

Seda

Haciendo seda La seda es fabricada por un insecto llamado gusano de la seda. El gusano de la seda se envuelve a sí mismo con una larga cuerda de hilo de seda. Cuando está lista, los trabajadores desenrollan la cuerda de alrededor del gusano de seda. Luego lo hilan en tela de seda.

Mira y siente Algunas telas de seda son delgadas y suaves. Otras se tejen apretadamente. El tejido grueso las hace pesadas y abrigadas.

Ropa de seda La ropa elegante con frecuencia se hace con tela de seda. Hay camisas de vestir, blusas, trajes y corbatas de seda.

Lana

Haciendo lana La lana es la capa gruesa de pelo crespo de una oveja. Los criadores de ovejas cortan la lana más o menos una vez al año. Luego, la gente la jala y tuerce para hilarla. La gente puede tejer el hilo y hacer ropa, como por ejemplo suéteres. El hilo también puede convertirse en tela de lana.

Mira y siente La lana es abrigada. Algunas telas de lana son delgadas y suaves. Otras son gruesas y ásperas al tacto.

Ropa de lana La ropa de invierno con frecuencia está hecha de tela de lana. La lana sirve para fabricar suéteres, pantalones, chaquetas, trajes y medias.

Seco por dentro.
Las telas a prueba de agua mantienen a la gente seca en climas húmedos.

El algodón, la seda y la lana son telas naturales. Son excelentes para muchos tipos de ropa. Pero las telas naturales tienen sus problemas. Por ejemplo, no te protegen de un viento frío.

Así que la gente ha encontrado formas de mejorar los productos de la madre naturaleza. Ha inventado nuevos tipos de telas.

Una de estas telas se llama nailon. El nailon se hace con plástico. Bloquea el viento. La tela de nailon es delgada, así que no pesa mucho. También es resistente y no se rasga fácilmente.

Esto no quiere decir que el nailon sea "mejor" que las telas naturales. Es solo mejor en algunos sentidos. Por ejemplo, el nailon es mejor para bloquear el viento.

Manteniéndose seco

Otro problema de las telas naturales es que la lluvia pasa a través de ellas. Las telas se mojan y pesan. Así que la gente ha inventado muchas telas que bloquean el agua y te mantienen seco.

No es sorprendente que las telas a prueba de agua sean ideales para fabricar impermeables y chaquetas. Lo que es sorprendente es cómo funcionan algunas de estas telas.

¿Se te hubiera ocurrido pensar que una de las telas a prueba de agua realmente tiene muchos agujeritos? Casi todas las telas a prueba de agua son herméticas para mantener el agua fuera. Muchas de estas telas también atrapan el calor.

La solución es una tela con agujeros. Los agujeros son lo suficientemente pequeños como para que las gotas de agua no pasen a través de ellos. Sin embargo, también son lo suficientemente grandes como para dejar que el calor de tu cuerpo escape por ellos.

Abrigado cuando hace frío. *Las telas nuevas permiten que la gente explore los lugares más fríos de la Tierra.*

Manteniéndose juntos

La gente ha encontrado algunas maneras increíbles de mejorar las telas. Pero a veces la gente roba sus mejores ideas de la naturaleza.

Así fue cuando un inventor llamado George de Mestral creó el velcro. Es un material plástico que sirve para sujetar telas. Un lado del velcro está cubierto de pequeñísimos ganchos. El otro lado tiene pequeñísimos anillos. Los ganchos se conectan con los anillos y mantienen unida la ropa y los zapatos.

¿Cómo obtuvo de Mestral la idea del velcro? Un día, salió a caminar. Algunos cardos se pegaron a sus pantalones. Observó los cardos. Tenían pequeñísimos ganchos que se sujetaban a anillos en la tela de sus pantalones. De Mestral imitó los ganchos y anillos para crear el velcro.

Mejorando las telas

Cada día, las personas buscan maneras de hacer nuevos tipos de telas. Estos inventos no solo nos dan nuevos tipos de telas y dispositivos para sujetar. Cambian la manera en que vivimos.

Las telas nuevas no solo nos protegen del viento y la lluvia. Nos dan nuevas oportunidades. Hoy en día, la gente puede explorar los lugares más fríos del mundo. Las telas nuevas también permiten que las personas exploren el espacio exterior. Las aventuras como estas serían imposibles sin la ropa adecuada.

¿Quiere decir esto que las telas nuevas son mejores? No necesariamente. Todo depende de lo que quieres hacer. Las telas naturales son buenas para algunas actividades. Las telas hechas por el hombre son buenas para otras. Tú eliges cuál prefieres.

Pantalones vaqueros

Responde estas preguntas para ver lo que has aprendido sobre los pantalones vaqueros.

1 ¿Por qué Jacob Davis añadió remaches a los pantalones?

2 ¿Cómo ayudó Levi Strauss a popularizar los pantalones vaqueros?

3 ¿Qué tuvo que ver Thomas Edison con la popularidad de los pantalones vaqueros?

4 ¿Cómo afecta la mercadotecnia lo que decide usar la gente?

5 ¿Cómo ha mejorado la gente algunos tipos de telas?